suhrkamp taschenbuch 929

Gisèle Freund, geboren 1912 in Berlin, lebt heute in Paris. Sie hatte in Frankfurt am Main bei Adorno, Horkheimer und Karl Mannheim studiert, als sie 1933 vor den Nazis nach Paris floh. Dort wurde sie als Fotografin bekannt. Nebenbei beendete Gisèle Freund ihr Studium: 1936 promovierte sie mit einer *Geschichte der Photographie im neunzehnten Jahrhundert,* einer Studie, die unter dem Titel *Fotografie und bürgerliche Gesellschaft* noch heute als Standardwerk gilt. 1942 floh sie aus Europa nach Südamerika.
Philippe Sollers, geboren 1936 in Bordeaux, Romancier und Essayist, hat lange Jahre die Avantgarde-Zeitschrift *Tel Quel* geleitet (heute *L'Infini*). Seine wichtigsten Veröffentlichungen: *Drame; L'écriture et l'expérience des limites; Nombres; Vision à New York; Paradis.* Sein neuester Roman *Femmes* erschien Anfang 1983 bei Gallimard, Paris.
1938 ist das Jahr, in dem James Joyce letzte Hand anlegt an sein Werk *Finnegans Wake*. Die Zeit drängt (Joyce stirbt 1941 in Zürich), der Schrecken hängt über Europa. Gisèle Freund erhält die seltene Erlaubnis von Joyce, ihn in mehreren Sitzungen zu fotografieren, und legt zum hundertsten Geburtstag des Dichters 1982 eine der schönsten und bewegendsten Fotosammlungen vor: James Joyce bei der Arbeit, James Joyce mit seinen Verlegern, James Joyce im Kreise seiner Familie. Eine Handvoll Fotos, kurze Bilderläuterungen und einige präzise Erinnerungen an James Joyce von Philippe Sollers ergeben ein einzigartiges Buch, einen Roman eigener Art, nämlich einen Roman in Bildern.

Gisèle Freund

Drei Tage mit James Joyce

Mit einem Vorwort von

Philippe Sollers

Suhrkamp

Originaltitel: Trois jours avec James Joyce
Aus dem Französischen von Franz-Heinrich Hackel
Die Auswahl der Fotos besorgte Hans Georg Puttnies

suhrkamp taschenbuch 929
Erste Auflage 1983

Satz: Hümmer, Waldbüttelbrunn
Druck: Nomos Verlagsgesellschaft, Baden-Baden
Printed in Germany
Umschlag nach Entwürfen von
Willy Fleckhaus und Rolf Staudt

1 2 3 4 5 6 – 88 87 86 85 84 83

Bildnis des Künstlers als menschlicher Pilger

Da ist er also.
Er ist es.
Er, der phantastische Wortzauberer, der Verwirrspieler, der Mann der tausend Taschenspielertricks. Er steht fast am Ende seines Weges. Es war ein langer Weg. Lähmende Müdigkeit legt sich auf den Tonfall seines Wortes, das im Begriff ist, in die Geschichte des Wortes einzugehen. Es ist wohl der rechte Zeitpunkt, um rasch die letzten Aufnahmen zu machen.
»Mutterschoß? Müde?
Er ruht. Er ist gereist.
Mit?
Sindbad dem Seefahrer und Tindbad dem Teefahrer und Findbad dem Feefahrer und Rindbad dem Rehfahrer und Windbad dem Wehfahrer und Klindbad dem Kleefahrer und Flindbad dem Flehfahrer und Drindbad dem Drehfahrer und Schnindbad dem Schneefahrer und Gindbad dem Gehfahrer und Stindbad dem Stehfahrer und Zindbad dem Zehfahrer und Xindbad dem Ehfahrer und Yindbad dem Sehfahrer und Blindbad dem Phthefahrer.«

Ulysses

Es ist natürlich nicht die letzte Gelegenheit, aber es geht dem Ende entgegen, es wird düster. Bald wird er in Zürich sterben, in geistiger und körperlicher Verbannung, kurz vor dem großen Massensterben des Krieges. Noch sind wir in Paris. Dann Dublin, Triest, Paris, Zürich.

Das ruhige und schwindelerregende Leben eines Europäers. Bekannt und mißverstanden zugleich. Rätselhaft, sagt man, und man wird es wieder und wieder sagen. Joyce, eine Sackgasse! Man kann nicht weiter! Man sollte aber auch nicht weiter! Man darf sich aber nicht einfach davonstehlen, wenn man weiß, wie man es sagen soll! Was man richtig empfindet, soll man deutlich aussprechen! Und was sich schlaglichtartig fassen läßt, findet einen anderen Ausdruck! Er hat ein Verbrechen begangen. Doch sehet, er ist unschuldig. Irgendwie unbeschwert und elegant.

»Das Leben, das sind viele Tage, Tag für Tag. Wir finden uns in uns selbst, treffen Diebe, Gespenster, Riesen, Greise, Jünglinge, Ehefrauen, Witwen, bösartige Schwager. Aber immer finden wir uns selbst.«

Dem genialen Schriftsteller ein genialer Fotograf. Da findet sich schließlich der reichste Schatzmeister des modernen Romans, die literarische Hyper-Liquidität in Person, der Makler, der Werte vermittelt, vor dem fotografischen Auge, das ihn durchdringt.

Das, was dieses Auge sieht, sind die differenziertesten Formen und Schichten von James Joyce, die wie Jahresringe sein ganzes Leben und sein ganzes Wesen offenlegen. Er ist ziemlich alt, wirkt verbraucht und gebeugt; ist aber gleichermaßen jugendlich, lässig und aufgeweckt. Er langweilt sich; er ist ernst; er ist in Gedanken, und für einen Augenblick scheint er vergnügt. Er ist voller Ironie; voller Weisheit; voller Traurigkeit; voller Mitgefühl. Nur in seiner Zerstreutheit wirkt er menschlich. Ein ganzer Künstler, in blindem Eigensinn, ein

Ehrenmann, schlicht, ein metaphysischer Wirbelwind, wo er hinkommt, frei und eigenwillig.
Er hat seine Zeit damit verbracht, sein Wort auszubreiten oder anzudeuten, er begehe Irrtümer. Joyce, ein Irrtum? »Ein Genie begeht keine Irrtümer. Seine Irrtümer sind wissentlich begangene, und sie sind der Schlüssel zur Erkenntnis. Wenn er doch nur einen Anflug von Verfluchtem, Romantischem, Tragischem, Wildem, Jähem hätte! Aber nein. Er hört zu. Er konzentriert sich. Die Erforschung des menschlichen Wahnsinns bedeutet doch nicht, daß man aufhört, Haltung zu bewahren. Wie ein alter Rabbiner schaut er sich sein unverständliches Zeug mit der Lupe an. Aber sieht er nicht auch wie sein wiedergeborener eigener Sohn aus? Er hört diesen Damen in der Buchhandlung zu. Armer Alter! Und dann, mit einem Schlag, ein gewandter, verführerischer Charmeur.
Der Kardinal Joyce, mit Velourweste, mit schwarzem oder rotem Innenfutter, geht aus und wird zum Clochard Homer, der tapsig sein Taxi bezahlt; er stellt sich wie ein weltgewandter Tänzer seinen Verkäuferinnen zur Verfügung; dann setzt er sich bei seiner Schwiegertochter ans Piano, bevor er abwägend, zärtlich und mitleidsvoll sein Enkelkind Stephen anschaut, das Stöckchen in der Hand haltend, Ringe an den Fingern, einen Filzhut, wie ihn Ganoven tragen, kultiviert auf dem Kopfe, eingebracht in seine eigene Ahnenreihe.
»Finnegans Wake« steht vor der Publikation. Nach dem ungeheuerlichen »Ulysses« hat er sich Tag und Nacht in die Arbeit gestürzt, nicht ohne Hilfe des

Weißweines und seines unsichtbaren Beschützers, des heiligen Patrick, hineingestürzt in die wunderbarste Koloratur aller Zeiten. Es ist ein Buch, das für ein sensibles Ohr mit einem Paukenschlag beginnt, ohne Majuskel: »riverrun, past Eve and Adam's ...«, und das ohne Punkt mit dem Hauch »the« endet. Um mit dem Geist Gottes bis zum Schluß zu spielen, weiß Gott, wie tief man ins Innere der Klänge und Buchstaben vordringen kann. Man muß lesen. Und man muß hinhören. Es ist eine Meditation, auf eine vernehmbare Stimme gestützt, und doch im Flüsterton gehalten, seine Wendungen, seine Rückblicke, seine ewigen Winkelzüge, das rasend machende und dennoch komische quiproquo.

Die Lupe, das Piano. Er erreicht in der Musik neue Dimensionen. Der Gaveau-Flügel. Seine Gruft. Ein Biologe? Ein Astronom? Doktor Joyce! Captain Joyce, noch verwegener als Achab!

Für den Menschen gibt es keine bewußte Zeugung. Es ist dies ein mystischer Zustand, eine päpstliche Übertragung des einzigen Schöpfers an den einzig Gezeugten.

Joyce empfängt seinen vorübergehenden Verleger und Freund Jolas. Sie verfolgen gemeinsam den Weg der Weltbewegung Joyce. Dann ein kurzer Besuch bei den Damen in einer Filiale, die ziemlich nützlich gewesen ist: »Shakespeare & Co.«. Die Frauen im Leben von Joyce? Faszinierend, mit Blitzableiterfunktion. Er ist so »anstößig«, dieser »Ulysses«, wie Virginia Woolf und Gertrude Stein es sagten, die hier Sylvia Beach und

Adrienne Monnier darstellen. Ja, sehr anstößig. Man ist weit entfernt von Gide – Valéry – Claudel! Und von anderen! Dieser Monolog von Molly ... Die Art und Weise, die Dinge anzugehen ...

Vater, Sohn, Enkelkind. Joyce weiß sich erfolgreich darzustellen. Im »Ulysses« ist es die Vorlesung Stephens über Shakespeare. Sie wollen die Wahrheit über Hamlet erfahren? Besser als durch Freud? Oder Lacan? Bitte sehr. Hier ist sie.

Wenn man sich schließlich das Porträt seines Vaters John anschaut, ihn selbst, Giorgio und Stephen, »vier Generationen von Joyce«, so fällt auf, daß nichts an May, seine Mutter, erinnert; nichts an seine Frau Nora; nichts an seine Tochter Lucia (die zu diesem Zeitpunkt bereits seit langem in einer Anstalt lebt). Der Inzest, Quell höchsten Vergnügens und größter Qualen, bleibt außerhalb der Darstellung. Ohne Zweifel ist hier die Lösung des Knotens zu suchen.

Keine Zufälle, keine Irrtümer.

Denn, wohlgemerkt, der Fotograf heißt Freund.

Das heißt, nebenbei bemerkt: Joyce = Freud. Die Freude. Dennoch. Ein »n« dazu, und es wird Freund daraus.

Bald wird es Nacht. Über ihm, aber auch über der Welt. Ein feurig lodernder Abendhimmel. Wie eine Messe am Rande des gähnenden Abgrunds.

»Er war nicht nur Vater seines eigenen Sohnes, er, selbst kein Sohn mehr, war und wußte sich als Vater seiner ganzen Rasse, der Vater seines eigenen Großvaters, der Vater seines zukünftigen Enkelkindes.«

Rätsel aller Rätsel. In Licht gehüllt. Als ob nichts wäre. Jahrhunderte über.
Amen.
Wie sehr ich doch seiner gedenke.

»Ja, der Sich Selbst erzeugte, durch Mittlung des Heiligen Geistes, und Selbst Sich sandte, als Loskäufer von Sich hinab zu andern, der da geprellet ward von Seinen Feinden, Seiner Kleider beraubt und gestäupet, angenagelt gleichwie eine Fledermaus ans Scheunentor, am Kreuz und Querholz verschied, der Sich begraben ließ, auferstand, zerriß die Hölle, auffuhr gen Himmel und nunmehr dort seit geschlagenen neunzehnhundert Jahren sitzet zur Rechten Seiner Selbst, doch wiederkommen wird am Jüngsten Tag, zu richten die Quicklebendigen und die Mausetoten, wenn alle Lebendigen bereits tot sein werden.«

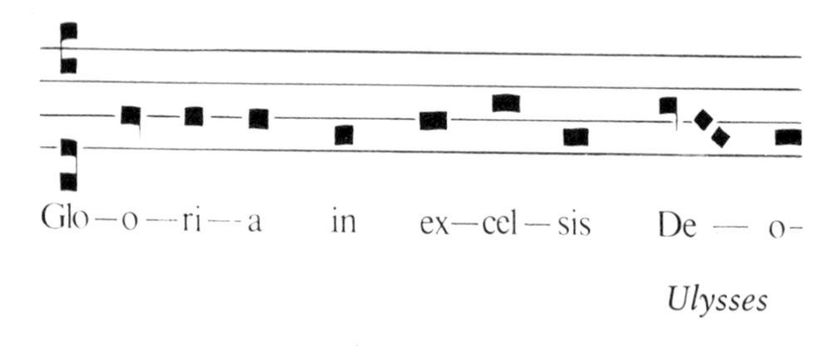

Ulysses

Nun sollen die Bilder selbst sprechen.

Philippe Sollers

Drei Tage mit James Joyce

Ich traf James Joyce zum erstenmal im Jahre 1936. Adrienne Monnier hatte mich zu einem Diner eingeladen, das sie zu Ehren des amerikanischen Dramatikers Thornton Wilder gab, der sich gerade in Paris aufhielt. Es lag ihm sehr viel daran, die Bekanntschaft des »Ulysses«-Autors zu machen, für den er besondere Bewunderung hegte. Adrienne Monnier hatte deshalb »Mister Joyce« eingeladen. Sylvia Beach und Maurice Saillet waren auch zugegen. Das entzückende Appartement Adriennes lag in der rue de l'Odéon 18, schräg gegenüber ihrer Buchhandlung »La Maison des Amies des Livres«, die sich, nebenbei bemerkt, eines ausgesprochen guten Rufes und einer besonderen Atmosphäre erfreute.
Alle guten Schriftsteller jener Jahre, die literarischen Talente, gingen in ihrem kleinen Laden ein und aus. Mit den meisten war sie freundschaftlich verbunden: so mit Paul Valéry, André Gide, Paul Claudel, mit Valery Larbaud, Léon-Paul Fargue, T. S. Eliot, mit Hemingway und vielen anderen. Und dies nicht allein, weil sie deren Bücher verkaufte, sondern weil man ihr ausgeprägtes literarisches Wissen schätzte, ihre geistreichen Gedanken, ihren verschmitzten Witz. Sie war eine enorme literarische Begabung.
André Gide schrieb ihr: »Man liest Sie nicht, ehe man Sie nicht hat sprechen hören, denn Sie wissen Ihren Sätzen einen wahrhaft natürlichen Tonfall zu geben ...«
»Nichts ist schwieriger als schreiben wie man spricht«,

sagte sie mir eines Tages. Man müßte ihre Bücher wieder herausbringen, sind sie doch einzigartige Zeugnisse des literarischen Schaffens in der Zwischenkriegszeit. Ihrer Buchhandlung angeschlossen waren eine Leihbücherei und ein kleiner Verlag. Viele Studenten, unter ihnen auch ich, zählten zu ihren angestammten Lesern. Sie wurden dank ihrer Fähigkeit zur Lektüre der Avantgarde-Literatur hingeführt, was wohl nur einer Art Elite vorbehalten blieb. Ich war zu dieser Zeit zwanzig Jahre alt und studierte Soziologie und Kunstgeschichte. Um mein Studium zu finanzieren, begann ich, Fotoreportagen und Porträts mit meiner kleinen Leica zu machen, die mir mein Vater einige Jahre zuvor geschenkt hatte. Zu dieser Zeit zweifelte ich nicht daran, daß das Fotografieren mein Beruf würde. Joyce kam in Begleitung seiner anmutigen Frau Nora. Er war sehr schlank und groß und hielt sich schon ein wenig gebeugt. Und dies mit gerade erst 53 Jahren.
Er ging zögernden Schrittes, weil er sehr schlecht sah. Ich wußte, daß er sich wegen seiner Augen zahlreichen Operationen hatte unterziehen müssen. Er war elegant gekleidet, er trug einen hellen Anzug mit einer Fliege. Er hatte ein hohe Stirn, braune, sehr glatte Haare, schütter und schon leicht ergraut. Sein ausgesprochen schmaler Mund wirkte wie ein Schlitz in seinem knochigen Gesicht. Das Diner verlief in entspannter und fröhlicher Atmosphäre. Vielleicht trug dazu der Schweizer Weißwein aus dem Valais bei, den Joyce bevorzugt trank. Während ich den Schriftsteller beobachtete, dachte ich an die Möglichkeit, ihn zu fotografieren. Schließlich

wagte ich, mit ihm darüber zu reden, aber Joyce winkte ab und entschuldigte sich mit seiner Arbeit, seinem Gesundheitszustand und seinen schlechten Augen. Ich ließ es gut sein. Zwei Jahre später, 1938, sollte »Finnegans Wake« erscheinen, und das amerikanische Magazin »Life« beauftragte mich, Fotos von Joyce zu machen. Sein Ruhm hatte natürlich den Atlantik überquert, aber es gab keine guten Fotos von ihm, abgesehen von den Porträts, die Man Ray und Berenice Abbott einige Jahre zuvor gemacht hatten. Um Joyce zu überreden, sich von mir fotografieren zu lassen, wandte ich mich an seinen Freund, den Schriftsteller und Journalisten Louis Gillet. Ich bat ihn, Joyce zu erklären, daß eine Fotoreportage über ihn der Verbreitung seines neuesten Werkes überaus hilfreich sein werde, eines Werkes, dessen hermetische Sprache weitaus schwieriger war als die des »Ulysses«. Joyce willigte schließlich ein. Er hatte selbst ganz präzise Vorstellungen über die Reportage, die ich über ihn machen sollte. Und so gelang es mir, in mehreren Sitzungen einige Augenblicke seines Lebens einzufangen. Der Erscheinungstermin von »Finnegans Wake« wurde schließlich um ein Jahr verschoben und »Time« bat mich, von ihm ein farbiges Porträt für den Umschlag des Magazins zu machen. In »Le Monde et ma Caméra« habe ich von diesen beiden denkwürdigen Sitzungen mit Joyce berichtet.
Joyce war mit meiner Arbeit zufrieden. Ich legte ihm alle Fotos vor, bis auf die, welche ihn zeigen, als er einem Taxi entsteigt. Ich wußte, daß er nachmittags gegen drei Uhr in die rue de l'Odéon kommen würde,

und hatte mich dort postiert, ganz in der Nähe von Adriennes Buchhandlung. Joyce merkte nicht, daß ich ihn fotografierte, spürte aber, daß irgend jemand um ihn herumstreifte. Er erkannte mich aber nicht. Diese Aufnahmen waren im Paparazzi-Stil gemacht, zwanzig Jahre vor dem Aufkommen dieses Stils. Ich habe ihm auch nicht das Farbfoto gezeigt, das, auf dem man ihn von vorne sieht. Ich fand es zu decouvrierend, es ließ zu tief blicken, und ich wollte ihn damit nicht erzürnen. Hier erscheint es erstmals in Farbe.

Der erste Tag

Joyce bei der Arbeit

Eugene Jolas, in den Vereinigten Staaten geboren, Schriftsteller, Übersetzer und Kritiker, kam in den zwanziger Jahren nach Paris, in Begleitung seiner hübschen Frau Maria. Beide wurden bald die besten Freunde von Joyce und seiner Familie.

Eugene und Maria Jolas, die Herausgeber der Avantgarde-Revue »Transition« setzten die literarische Welt in Erstaunen, als sie 1927 in der ersten Ausgabe ihrer Zeitschrift Auszüge aus einem Buch von Joyce veröffentlichten: aus »Work in Progress«, später in »Finnegans Wake« umbenannt. Sie waren von seiner Genialität überzeugt. Eugene Jolas half ihm häufig bei der Korrektur der Fahnen, und Maria überwachte, wie sie humorvoll berichtet hat, als dienstbarer Hausgeist den Druck.

Die Arbeit von Maria war nicht gerade einfach. Man wird dies am ehesten verstehen, wenn man einen korrigierten Fahnenabzug von Joyce anschaut. Als Sylvia Beach »Ulysses« 1922 herausbrachte, hatten die zahllosen Korrekturen an diesem außerordentlich umfangreichen Werk sie beinahe in den finanziellen Ruin

gestürzt. Da sie Joyce aber freie Hand ließ, trug sie zweifellos nicht unerheblich dazu bei, sein Meisterwerk zur Vollendung zu bringen. Nach getaner Arbeit entspannten sich die beiden Freunde im Gespräch und gingen dann ein wenig spazieren.

for my pressing seas on as hereinafter must they cherrywill immediately pending on my safe return to ignorance and bliss with my ropes of pearls for gamey girls the way you'll hardly know me.

This post purification we will and render social service, missus. Let us all ignite as apostals and help our lakeline sisters clean up the hogshole. Burn only what's Irish, accepting their coals. Write me [illegible] cursorily for Henrietta' sake of the life of jewvries and the sludge of King Harrington's at its height running boulevards over the whole of it. Bear in mind by Michael all the provincial's bananas peels and eiacock eggs making drawadust jubilee along Henry, Moore, Earl and Talbot Streets. Luke at all the memmer manning he's dung for the pray of birds strewing the Castleknock road and the Marist fathers eleven out on a rogation stag party. Compare them caponchin trowbers with the Bridge of Belches in Fairview, east Dublin's favourite wateringplace and ump as you lump it. Stand on, say, Aston's, I advise you strongly, along quaith a copy of the Seeds and Weeds Act when you have procured one for yoursell and take a good longing gaze into any nearby shopswindow you may select at suppose, let us say, the hoyth of number eleven, Kane or Keogh's and in the course of about thirty-two minutes'time proceed to turn aroundabout on your heehills towards the previous causeway and I shall be very cruelly mistaken indeed if you will not be jushed astowshed to see how you will be meanwhile durn well topcested with cakes of slush occasioned by the rush jam of the cross and blackwalls traffic in transit. When will the W. D. face of our muckloved city gets its wellbelavered whitewish? Who'll disaspearaguss Pape's Avignue or who'll uproose the Opian Way? 'Tis an ill wee blows no poppy good. And this labour's worthy of my higher. Do you know what, little girls? One of those days I am advised to positively strike off hiking for good and all until such time as some mood is made to get me an increase of automoboil and footwear as I sartunly think now, honest to John, for an income plexus that that's about the sanguine boundary limit.

Sis dearest, Jaun added, melancholic this time whiles his onsaturncast eyes in stellar attraction followed swift to an imaginary swellaw, O, the vanity of Vanissy! All ends vanishing! Personally, Grog help me, I am in no violent hurry. If time enough lost the ducks walking easy found them I'd turn back as lief as not if I could only find the girl of my heart's appointment to guide me by gastronomy under her safe conduct. I'd ask no kinder of fates than to stay where I am, leaning on my cubits, at this passing moment by localoption in the birds' lodging for pheasants among all well on into the bosom of the exhaling night, picking stopandgo jewels out of the hedges and catching brilliants on the tip of my wagger for them breezes zipping round by Drumsally

Der zweite Tag

Joyce und seine Herausgeber

RENAULT

RENAULT

AILLEUR
Fourrures

AND

Joyce kommt mit dem Taxi vor Adriennes Buchhandlung an. Er und seine Frau überqueren die Straße und betreten die Buchhandlung »Shakespeare & Co.«. Adrienne beginnt die Unterhaltung und zeigt Joyce ein Foto, das nach seiner Ankunft in Paris im Jahre 1920 aufgenommen worden war.

Mai 1938, Joyce sitzt am Tisch, auf dem seinerzeit das voluminöse »Ulysses«-Manuskript ausgebreitet lag. Ihm gegenüber Miss Beach und Mademoiselle Monnier, die er übrigens so anredete; Joyce hielt stets auf sehr konventionelle Formen, auch im Umgang mit seinen besten Freunden. Sylvia Beach und Adrienne Monnier waren seine Verleger in den zwanziger Jahren. Hier unterhalten sie sich in aller Freundschaft, die Unstimmigkeiten der Vergangenheit sind vergessen; wie etwa die durch einen Brief Adriennes verursachte Verstimmung, als sie Joyce bat, Shakespeare & Co. nicht weiterhin als sein Arbeitszimmer anzusehen und Sylvia nicht als seine Sekretärin.

»Viele sind ihrer selbst so überdrüssig, wie Sie es von sich selbst kennen«, schrieb er in »Finnegans Wake«. Joyce war der erste, der dankbar anerkannte, welch großen Mut Miss Beach aufzubringen hatte, um »Ulysses« zu veröffentlichen. Ein Werk, das ja in den englischsprachigen Ländern der Zensur unterlag. Die französische Übersetzung, die Mademoiselle Monnier veröffentlicht hatte, öffnete ihm den Zugang zu den exklusivsten Pariser Literaturzirkeln, die ihn als Meister der Prosa anerkannten.

Mir fielen seine blasse Gesichtsfarbe und seine matte Stimme auf.

Joyce, Adrienne und Sylvia erinnern sich lebhaft an Valery Larbaud, der schwerkrank in seiner Wohnung in Vichy lebte. Valery Larbaud, Schriftsteller und begabter Übersetzer englischsprachiger Literatur, hatte Joyce anläßlich einer Lesung im »Maison des Amies des Livres« in der französischen Öffentlichkeit bekanntgemacht. Es war, so sagte Adrienne, das erste Mal, daß ein in englischer Sprache abgefaßtes Werk in Frankreich von französischen Schriftstellern noch vor seiner Veröffentlichung in England und den Vereinigten Staaten untersucht worden ist.

Joyce scheint wie hineingetaucht in ein Meer der Stille. Sylvia denkt an all die Jahre ihres Lebens, die sie gänzlich dem Werk des irischen Schriftstellers gewidmet hat.

Sie erinnern sich an Henri Matisse, bei dem man angefragt hatte, ob er eine amerikanische Luxusausgabe illustrieren wolle, nachdem das Veröffentlichungsverbot aufgehoben worden war. Da der Maler »Ulysses« nicht gelesen hatte, bezog er sich auf das Werk Homers und gestaltete Zeichnungen, die von der griechischen Mythologie inspiriert waren. Zum ersten Male sah ich Joyce lächeln.

Der dritte Tag

Joyce im Familienkreis

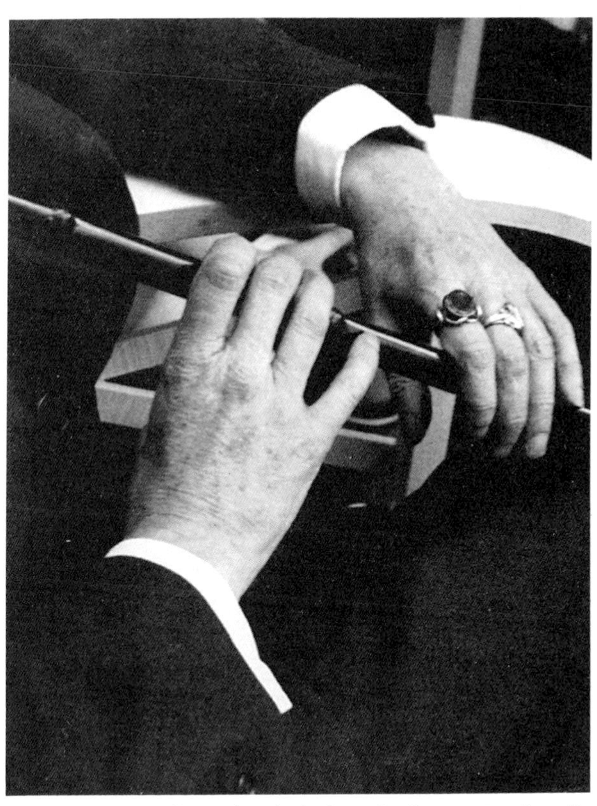

Joyce hatte außerordentlich feingliedrige Hände, die »sich aus den Manschetten heraus wie gefaltete Blätter bewegten« (Adrienne Monnier). Er hielt seinen nicht wegzudenkenden Stock wie ein Musikinstrument.

Bevor er seine Kinder besuchte, machte er bei einem Blumenladen halt, um eine Nelke für sein Knopfloch zu kaufen.

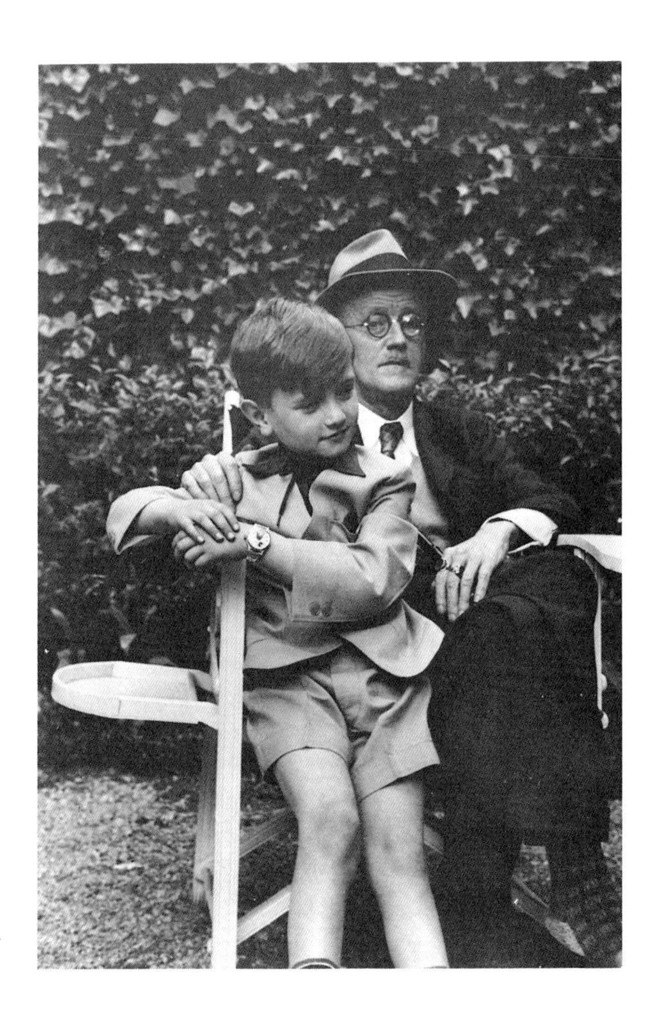

Joyce vergötterte seine Kinder, Giorgio und Lucia – beide in Triest geboren – und seinen Enkel Stephen. Seine Tochter lebte seit langem in einer Nervenklinik. Ihre Geisteskrankheit bekümmerte den Schriftsteller zutiefst.

Giorgio bewohnte mit seiner Frau Helen und seinem Sohn eine in der rue Scheffer gelegene Villa, die von einem großen Park umgeben war. Joyce bestand nicht darauf, daß seine Frau Nora mit aufs Bild kam, obwohl er sehr an ihr hing. Sie war ihm seit seiner Flucht aus Dublin im Jahre 1904 treu gefolgt und blieb es bis zum Tode des Schriftstellers im Jahre 1941.

Damit vier Generationen auf dem Bild verewigt würden, posierte der Schriftsteller auf seinen Wunsch hin mit Giorgio und Stephen unter dem Porträt seines Vaters, John Stanislaus Joyce, gemalt von dem Iren Patrick Tuohy. [Abb. S. 65] Dann fotografierte ich ihn beim Klavierspiel. Joyce sang gern alte irische Lieder, sein Sohn Giorgio hatte eine schöne Baßstimme, und Joyce hätte es gern gesehen, wenn er Sänger geworden wäre.

Zum Abschluß dieser Reportage: Gisèle Freund und Eugene Jolas begleiten Joyce nach Hause.

Bildlegenden

Seite
Farbtafel I zwischen S. 6/7 James Joyce, mit der Lupe lesend
Farbtafel II zwischen S. 18/19 James Joyce von vorn
S. 21 James Joyce und Eugene Jolas in der rue Edmond-Valentin
S. 22 Eugene Jolas liest James Joyce vor
S. 23, 24/25 Eugene Jolas korrigiert die Fahnen von »Finnegans Wake«
S. 26 Ein Blatt des korrigierten Fahnenabzuges von »Finnegans Wake«
S. 27, 28 James Joyce im Gespräch mit Eugene Jolas
S. 29 James Joyce, Eugene Jolas und die Concierge
Farbtafel III zwischen S. 32/33 James Joyce 1939
S. 33, 34, 35 James Joyce kommt in der rue de l'Odéon an und bezahlt das Taxi
S. 36 James Joyce auf dem Weg zur Buchhandlung von Adrienne Monnier
S. 37 James Joyce mit Adrienne Monnier in der rue de l'Odéon
S. 38 James Joyce und Adrienne Monnier betreten Sylvia Beachs Buchhandlung »Shakespeare & Co.«
S. 39 James Joyce betrachtet sein Foto
S. 41, 43, 45, 49 In der Buchhandlung, James Joyce und seine beiden Verleger
S. 42 James Joyce in Gedanken
S. 44 James Joyce in typischer Haltung
S. 46 James Joyce in nachdenklicher Haltung

Alle Schwarzweiß-Fotografien, die James Joyce in diesem Buch zeigen, wurden 1938 aufgenommen, die Farbfotos im Jahr darauf.

James Joyce im Suhrkamp Verlag

Werke. Frankfurter Ausgabe. Redaktion Klaus Reichert unter Mitwirkung von Fritz Senn.

Band 1: Dubliner. Deutsch von Dieter E. Zimmer. 1969
Band 2: Stephen der Held. Ein Porträt des Künstlers als junger Mann. Deutsch von Klaus Reichert. 1971
Band 3.1 und 3.2: Ulysses. Aus dem Englischen von Hans Wollschläger. 1975
Band 4.1: Schriften. Aufsätze. Theater. Prosa. Aus dem Englischen von Hiltrud Marschall und Klaus Reichert. 1974
Band 4.2: Gesammelte Gedichte. Englisch und deutsch. Übersetzt von Hans Wollschläger. Anna Livia Plurabelle. Englisch und deutsch. Übersetzt von Wolfgang Hildesheimer und Hans Wollschläger. 1981
Band 5: Briefe I 1900–1916. Herausgegeben von Richard Ellmann. Deutsch von Kurt Heinrich Hansen. Ergänzungen und Anmerkungen durch Fritz Senn. 1969
Band 6: Briefe II 1917–1930. Herausgegeben von Richard Ellmann. Deutsch von Kurt Heinrich Hansen. 1970
Band 7: Briefe III 1931–1941. Herausgegeben von Richard Ellmann. Deutsch von Kurt Heinrich Hansen. 1974

Neue deutsche Übersetzungen:

Anna Livia Plurabelle. Englisch/Deutsch. Einführung von Klaus Reichert. Übertragen von Wolfgang Hildesheimer und Hans Wollschläger. 1970. *Bibliothek Suhrkamp* Band 253 und *suhrkamp taschenbuch* Band 751.

Briefe. Ausgewählt von Rudolf Hartung. Deutsch von Kurt Heinrich Hansen. 1975. *suhrkamp taschenbuch* Band 253

Briefe an Nora. Aus dem Englischen von Kurt Heinrich Hansen und Fritz Senn. 1971. *Bibliothek Suhrkamp* Band 280

Die Katze und der Teufel. Ein Märchen. Aus dem Englischen von Fritz Senn. Farbig illustriert von Richard Erdoes. 1964. *Ln.*

Dubliner. Erzählungen. Aus dem Englischen von Dieter E. Zimmer. 1974. *Bibliothek Suhrkamp* Band 418

Ein Porträt des Künstlers als junger Mann. Deutsch von Klaus Reichert. 1973. *Bibliothek Suhrkamp* Band 350

Giacomo Joyce. Herausgegeben und eingeleitet von Richard Ellmann. Ergänzungen und Anmerkungen von Fritz Senn. Aus dem Englischen von Klaus Reichert. Zweisprachig. Mit den Faksimiles des vollständigen Textes. 1968. *Pp. im Schuber* und *Bibliothek Suhrkamp* Band 240. 1970

Die Toten/The Dead. Zweisprachig. Aus dem Englischen von Dieter E. Zimmer. Mit einem Nachwort von Richard Ellmann. 1976. *Bibliothek Suhrkamp* Band 514

Kritische Schriften. Aus dem Englischen von Hiltrud Marschall-Grimminger. 1972. *Bibliothek Suhrkamp* Band 313

Stephen der Held. Deutsch von Klaus Reichert. 1973. *Bibliothek Suhrkamp* Band 338

Ulysses. Aus dem Englischen von Hans Wollschläger. 1982. *edition suhrkamp. Neue Folge* Band 100 (*es* 1100)

Verbannte. Schauspiel. Aus dem Englischen von Klaus Reichert. 1968. *Bibliothek Suhrkamp* Band 217

Ulysses. Einführung von C. Giedion-Welcker. 1956. *Ln.*
Übersetzung von Georg Goyert

Ulysses – Das letzte Kapitel. Englisch und Deutsch. Übersetzungen von Georg Goyert und Hans Wollschläger. 1982. *edition suhrkamp. Neue Folge* Band 106 (*es* 1106)

Zu James Joyce:

Frank Budgen, James Joyce und die Entstehung des »Ulysses«. Aus dem Englischen von Werner Morlang. 1976. *Ln.* (auch als *suhrkamp taschenbuch* Band 752)

Richard Ellmann, James Joyce. 1959. *Ln.* und *suhrkamp taschenbuch* Band 473. 1979

Richard Ellmann, Odysseus in Dublin. Aus dem Englischen von Claudia Dörmann. 1978. *Geb.*

Stuart Gilbert, Das Rätsel Ulysses. Eine Studie. Aus dem Englischen von Georg Goyert. 1976. *suhrkamp taschenbuch* Band 367

Hugh Kenner, Ulysses. Aus dem Englischen von Harald Beck und Claus Melchior. 1982. *edition suhrkamp. Neue Folge* Band 104 (*es* 1104)

Harry Levin, James Joyce. Eine kritische Einführung. Aus dem Englischen von Hiltrud Marschall-Grimminger. 1977. *Bibliothek Suhrkamp* Band 459

Jean-Jacques Mayoux, Joyce. Aus dem Französischen von Rudolf Wittkopf. 1967. *Bibliothek Suhrkamp* Band 205

Arthur Power, Gespräche mit James Joyce. Aus dem Englischen von Werner Morlang. 1978. *Geb.*

James Joyces »Ulysses«. Neuere deutsche Aufsätze. Herausgegeben von Therese Fischer-Seidel. 1977. *edition suhrkamp* Band 826

Materialien zu James Joyces »Dubliner«. Herausgegeben von Klaus Reichert und Fritz Senn. 1969. *edition suhrkamp* Band 357

Materialien zu James Joyces »Ein Porträt des Künstlers als junger Mann«. Herausgegeben von Klaus Reichert und Fritz Senn. 1975. *edition suhrkamp* Band 776

Hans Wollschläger liest James Joyce. Der Band enthält eine Kassette mit dem Mitschnitt der Lesung aus *Ulysses* und *Finnegans Wake* sowie der detaillierten Einführung in die Lesung. 1982. *edition suhrkamp. Neue Folge* Band 105 (*es* 1105)

st 817 Igor Strawinsky
Aufsätze, Kritiken, Erinnerungen
Ausgewählt und herausgegeben von Heinrich Lindlar
226 Seiten
Was über Werden und Wirken, über Weg und Werk des russisch-französisch-amerikanischen Komponisten und Kosmopoliten Strawinsky vom Aufbruch unseres Jahrhunderts im Reflex seiner Mitarbeiter, Freunde und Mäzene, aber auch seiner eingeschworenen Gegner aus dem Umfeld der Neuen Wiener Schule Schönbergs – was da an Erinnerungen, an Huldigungen und Attacken von Belang war, findet sich in diesem Auswahlband wie in einem Brennspiegel.

st 818 J. G. Ballard
Kristallwelt
Roman
Aus dem Englischen übersetzt von Margarete Bormann
Phantastische Bibliothek Band 75
178 Seiten
»Am Tage flogen phantastische Vögel durch den erstarrten Wald, und edelsteinbesetzte Krokodile glitzerten wie heraldische Salamander an den Ufern des kristallenen Flusses. Nachts jagte der leuchtende Mann unter den Bäumen dahin, die Arme wie goldene Wagenräder, der Kopf wie eine gespenstische Krone ...«

st 819 Peter Schattschneider
Zeitstopp
Science-fiction-Geschichten
Phantastische Bibliothek Band 76
230 Seiten
»Mit einemmal sah er nur noch Atome und Moleküle, die keinen Bezug zueinander hatten. Nichts veränderte sich. Die Naturgesetze zerfielen, weil es in der Zeitlosigkeit nichts gab, das sie beschreiben konnten, und mit ihnen zerfielen die Objekte. Bäume, Sträucher, das verdorrte Gras, Erde und Gestein, selbst die Sonne und der in der Luft erstarrte Vogel: Alles verlor sich in Bedeutungslosigkeit.«

st 821 Hans Carossa
Der Arzt Gion
Eine Erzählung
256 Seiten
»Die Lauterkeit seiner Gesinnung, die Tiefe seiner so bescheiden auftretenden Problematik, und mehr als alles der Adel seiner Sprache, seines schönen, wie eine Quelle fließenden Deutsch machen dies ernste Buch unausschöpflich, wie alle echte Dichtung es ist.« *Hermann Hesse*

st 822 Marcel Proust
Sodom und Gomorra
Auf der Suche nach der verlorenen Zeit
Vierter Teil
Deutsch von Eva Rechel-Mertens
2 Bände, zus. 724 Seiten
»Von der Erfahrung Prousts in Deutschland verspreche ich mir Entscheidendes, nicht im Sinne der Nachahmung, sondern in dem des Maßstabes. ... Angesichts des desorientierten Zustandes der deutschen Prosa, wenn nicht der Krisis der Sprache überhaupt, ist Rettendes zu hoffen von der Rezeption eines Dichters, der das Exemplarische vereint mit dem Avancierten.«
Theodor W. Adorno

st 823 Sylvia Beach
Shakespeare and Company
Ein Buchladen in Paris
Aus dem Amerikanischen von Lilly v. Sauter
Mit Abbildungen
248 Seiten
»*Shakespeare and Company* ist kein gelehrtes Buch, es ist ein ganz persönlicher Bericht. In Sylvia Beachs Erinnerungen kommen nahezu alle vor, die in den zwanziger Jahren eine Rolle spielten, und Sylvia Beach zählte sie alle zu ihren Bekannten.« *The New Yorker*

st 824 Erik H. Erikson
Lebensgeschichte und historischer Augenblick
Übersetzt von Thomas Lindquist
296 Seiten
Die Frage, um die es Erikson in diesem Buch geht, lautet: Psychoanalyse – Anpassung oder Freiheit? Erikson plä-

diert für eine Form von Adaption, die den Patienten befähigt, die Realität so zu sehen, wie sie ist, was nicht bedeutet, sie in ihrer Faktizität einfach hinzunehmen. Eriksons »goldene Regel« für seine eigene Praxis ist ein Begriff von Anpassung, der auf Gegenseitigkeit und Anerkennung basiert.

st 825 Volker Erbes
Die blauen Hunde
Erzählung
190 Seiten
Die blauen Hunde erzählt die Geschichte einer Krankheit. Scheinbar unangekündigt trifft sie eine junge Frau. Die Vorgeschichte zeigt, daß die Formen ihres Wahns nicht zufällig sind oder abstrus, sondern bis in die absonderlichen Details biographisch bestimmt. Auch der Erzähler, der ehemalige Freund dieser Frau, wird von dem Wahn, der der Wahn einer Epoche ist, erfaßt. Indem er ihre Geschichte erzählt, entdeckt er betroffen die Rolle, die er darin spielt.

st 826 Phantasma
Polnische Geschichten aus dieser und jener Welt
Herausgegeben und übersetzt von Klaus Staemmler
Phantastische Bibliothek Band 77
282 Seiten
Zwanzig Erzählungen von neunzehn Autoren stellt dieser Band vor, utopische und phantastische Geschichten, heitere und ernste, amüsante und besinnliche; Spekulationen über die Zukunft stehen neben satirischen Seitenhieben auf die wenig vollkommene Gegenwart. Und es gibt auch gar schauerliche, diabolische und unheimliche Geschichten.

st 828 Hermann Lenz
Die Begegnung
Roman
204 Seiten
»Ein wundersames und wunderbares Buch . . . ein Roman, der ganz unwichtig tut und doch voll Weisheit ist; der beiläufig erzählt wirkt und doch Existentiellem auf den Grund geht; der in geschichtlicher Zeit spielt und uns die eigene Zeit und unsere eigene Zerrissenheit besser wahrnehmen läßt.« *Deutsche Zeitung*

st 829 Pablo Neruda
Liebesbriefe an Albertina Rosa
Zusammengestellt, eingeführt und mit Anmerkungen versehen
von Sergio Fernández Larraín
Aus dem Spanischen von Curt Meyer-Clason
Mit Abbildungen
338 Seiten
Wer die Memoiren Nerudas gelesen hat, kennt seine Erzählhaltung. Das Schreiben sei für ihn wie das Schuhemachen – und so urpersönlich, sympathisch warm und menschlich ist auch der Ton dieser Briefe. Sie befassen sich mit Zuneigung und alltäglichen Sorgen, mit Hoffnungen und Enttäuschungen.

st 831 Helm Stierlin
Delegation und Familie
Beiträge zum Heidelberger familiendynamischen Konzept
258 Seiten
»Die Beiträge des Bandes verarbeiten eine Fülle von Fallbeispielen und therapeutischen Erfahrungsdaten vor dem Hintergrund der psychoanalytischen Grundannahmen zu einem komplexen System von Hilfestellung für die unterschiedlichsten familiären Konstellationen. Lesenswert für jeden, der an Einsicht in ein komplexes Gefüge von Zusammenhängen interessiert ist.«

Wissenschaftlicher Literaturanzeiger

st 833 J. G. Ballard
Die Tausend Träume von Stellavista
und andere Vermilion-Sands-Stories
Aus dem Englischen von Alfred Scholz
Phantastische Bibliothek Band 79
204 Seiten
Vermilion Sands, ein Wüstenkurort zur Erfüllung der ausgefallensten Träume der gelangweilten Reichen, jetzt Künstlerkolonie für Maler, Literaten, bildende Künstler und Musiker, ist in einem langsamen, aber unaufhaltsamen Verfall begriffen. Dichter drücken lediglich auf die Knöpfe ihrer Computer, die automatisch für sie dichten; tönende Skulpturen wachsen aus dem Boden, und empfindsame Pflanzen reagieren auf die Töne der Musik.

Alphabetisches Gesamtverzeichnis der suhrkamp taschenbücher